वह

(कविता-संग्रह)

श्रेष्ठ भारतीय साहित्य

भारतीय ज्ञानपीठ

वह

उदयन वाजपेयी

रेखांकन
ऐश्वर्या शंकरनारायणन

भारतीय ज्ञानपीठ

लोकोदय ग्रन्थमाला : ग्रन्थांक 1400

ISBN 978-93-87919-58-7

वह

(कविता-संग्रह)

उदयन वाजपेयी

प्रकाशक : **भारतीय ज्ञानपीठ**

18, इन्स्टीट्यूशनल एरिया, लोदी रोड, नयी दिल्ली-110 003

मुद्रक : भारतीय ज्ञानपीठ, नयी दिल्ली-110 003

आवरण व रेखांकन : ऐश्वर्या शंकरनारायणन

WAH
(Poetry Collection)
by Udayan Vajpeyi

Published by
Bharatiya Jnanpith
18, Institutional Area, Lodi Road, New Delhi-110 003
Ph. : 011-24698417, 24626467; 23241619 (Daryaganj)
Mob. : 9350536020; e-mail : bjnanpith@gmail.com
sales@jnanpith.net; website : www.jnanpith.net

First Edition : 2019
Price : Rs. 200

गुड्डन भैया के लिए
जो
हमेशा सम्बल बने रहे

कविताओं की पहली पंक्तियाँ

जब नग्नजीत ने परलोक पर विजय प्राप्त कर ली, ब्रह्मा ने उससे कहा, 'मैं मृतक को उसी देह में पृथ्वी पर वापस नहीं भेज सकता। तुम उसका चित्र बनाओ, मैं उसमें प्राण फूँक दूँगा।' नग्नजीत इस तरह अपने राज्य में असमय मरे हुए बच्चे को चित्र में जीवित करके वापस पृथ्वी पर लौट आया।

ये कविताएँ भी उसे शब्दों में दोबारा जीवित करने का प्रयास है।

—उदयन वाजपेयी

वो रही वह
        वो रही वह
वो रही वह
        वो रही वह

धीरे-धीरे चलती
डोलती हवा में
धीरे-धीरे

वो रही वह

आँखों पर फेरती
कोमल पारदर्शी
हाथ

वो रही वह

दो क्षणों के बीच के

गलियारे को
सुकुमार अँगुलियों से टटोलती

वो रही वह

प्रियजनों के बीच
भटकती

वो रही वह

वो रही वह
                वो रही वह
वो रही वह
                वो रही वह

इच्छा के रेशों से निरन्तर बुनी जाती है उसकी काया। शृंगार के बारीक़ तार उसके हर कोने को छूते हैं। रात ही में समूची बीत जाने से ठीक पहले एक क्षण दरवाज़े पर ठिठक जाती है, किसी भी तरह भीतर आने को आतुर, सृष्टि। अन्धकार सोख लेता है कामनाओं से उनकी पारदर्शिता।

उसकी देह अपने ही स्तनों में नाव की तरह एकान्त तैरती है।

...और उसके बच्चे

वे अपनी ही
गोद में सो
रहे हैं

वह उन्हें देखती है
और भूल जाती है
कि वह अब
नहीं
है!

...और उसके बच्चे

द्वार तक आकर कँपकँपाती है
पवन, ठिठक जाता है प्रभात

वे प्रार्थना की तरह
सो रहे हैं, वह प्रार्थना
की तरह हो रही है

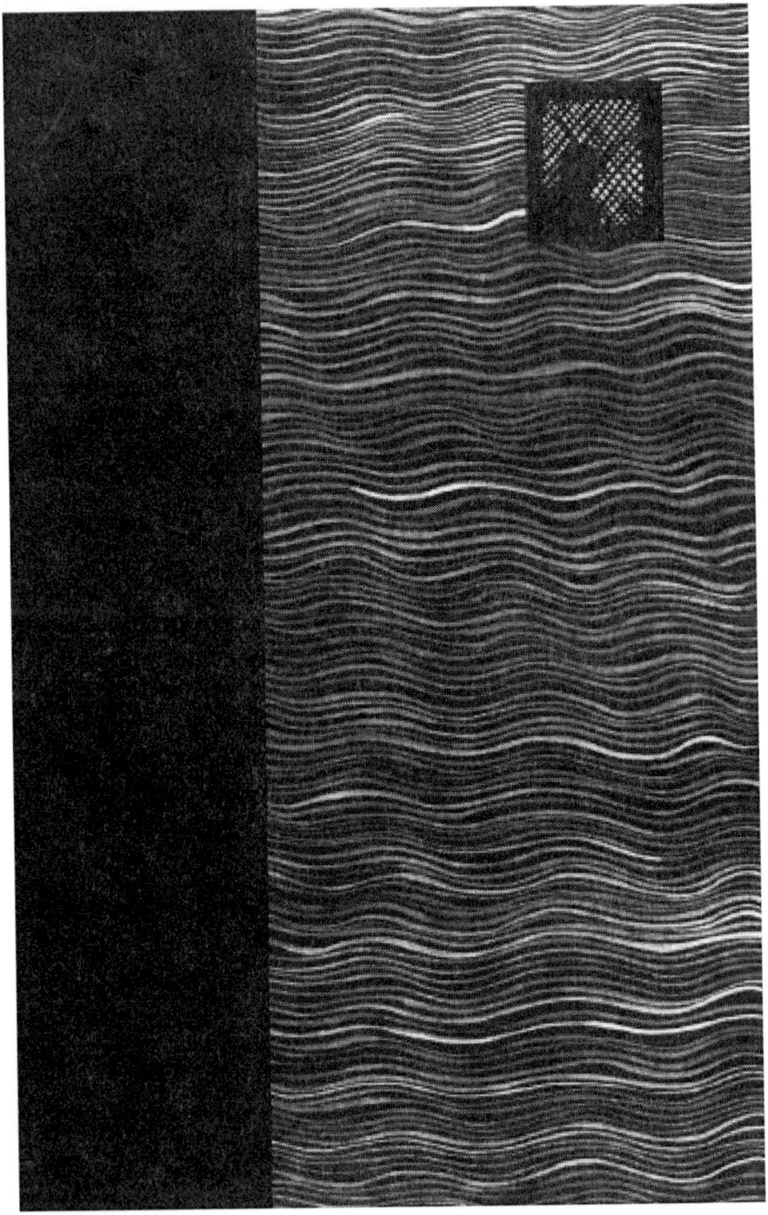

वे रात भर अन्त की
प्रतीक्षा करते रहे जो
घुप्प आकाश के एक अदृश्य
कोने में पड़ा
सोता रहा रात भर

उसने मुझे कन्धे हिलाकर
जगाया, बोली धीरे से
मेरे पंख! मेरे पंख!!
नींद में चलते मैंने वे
चुपचाप उसके हाथों में रख दिये
जैसे वह उन हाथों से
गुसलख़ाने से भूले हुए
कपड़े माँग रही हो, धीरे से

ठहर जाता हैं हवा में बारिश का
कलरव, विहँसती है आकाश की नीलिमा में
एक पारदर्शी शून्यता, किताब के पन्नों में
फड़फड़ाती है गुपचुप यह कहाँ से आये पक्षी की श्वेत आकृति

अँधेरी रात में वह खटखटाती है
एक खाली देह के
वे सारे द्वार जो भीतर से बन्द हैं

वह आँगन में फैली चमकीली पीली धूप को लपेट कर जाने कहाँ सैर को निकल गयी है। 'मेरी प्रतीक्षा मत करना', वह जाते-जाते बोली, 'जैसे ही तुम मेरी प्रतीक्षा करना बन्द कर दोगे, मैं प्रकट हो जाऊँगी।' 'कहाँ?' मेरे पूछने से पहले ही वह वहाँ नहीं है। धुआँ है, चारों ओर मृत सुगन्ध है, सफ़ेद फूलों से अटी गली है जहाँ छोटे-छोटे पैरों के पारदर्शी निशान झिलमिला रहे हैं।

वह धूप की चादर पर करवट बदलती है। मेरे स्वप्न में धीरे-धीरे उसकी अन्तहीन परछाईं झरती है।

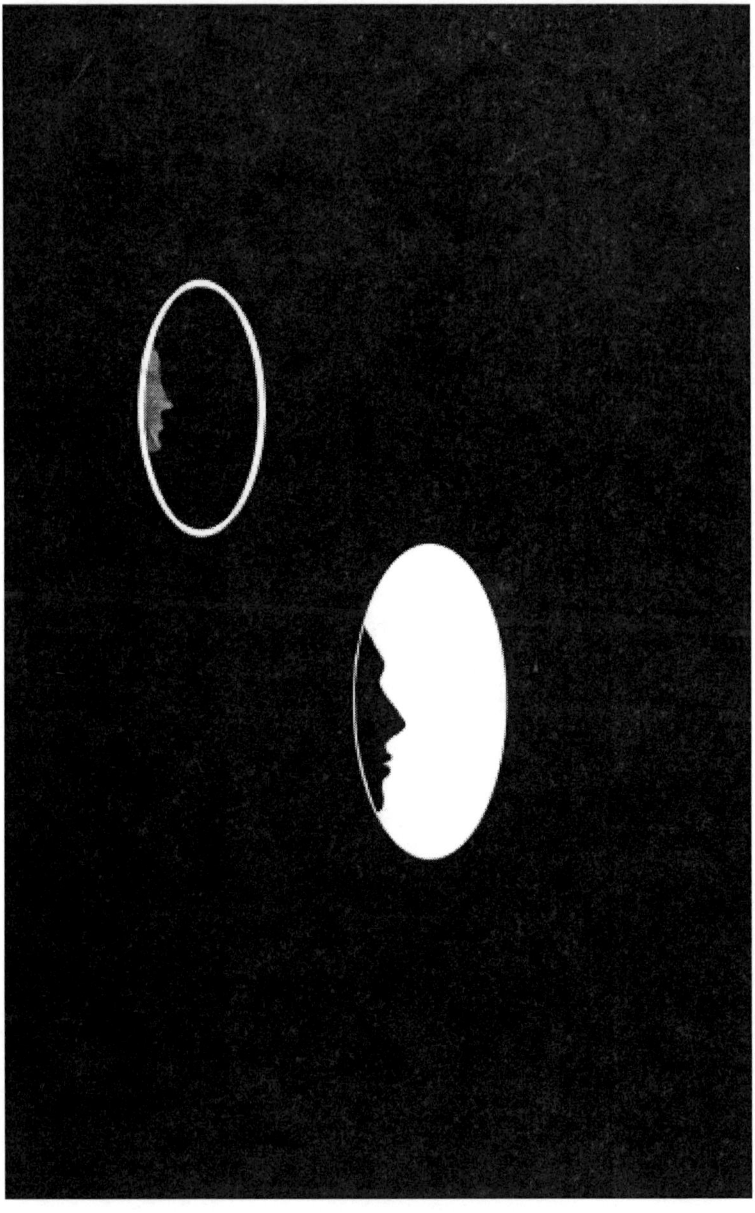

वह रसोई पूरी करती है। सर्दियों की रात में उसकी आवाज़ कोहरे के थके घोड़े पर धीरे-धीरे मेरे पास आती है। खिड़की खुली है। वृक्ष पर हवा डोल रही है। रबर की गेंद को पीले पत्ते ढँक रहे हैं कि सुबह तक बची रह सके। वह हर रात श्रृंगार करने आईना खोजती-खोजती मेरे सामने खड़ी हो जाती है। उसके सामने मैं हूँ जहाँ उसका प्रतिबिम्ब श्रृंगार करता रहता है। मेरे सामने एक शून्य है जो अपनी ही आहट से अपने में तिरोहित होता रहता है निरन्तर।

वह अपने पीछे खड़ी है। मैं अपने सामने। टेबिल के पास की खुली खिड़की से दो चमकीली आँखों में पीले चन्द्रमा को ताकती एक बिल्ली बीत जाती है। वह मेरे पास सरकती है। मैं उस पर कान लगाकर उसकी आहट सुनने की कोशिश करता हूँ। पृथ्वी के ऊपर एकान्त भटकते कोहरे पर चुपचाप जमने लगता है पारदर्शी प्रभात।

वह अपनी स्पर्शाभा में तिरती धीरे से बुदबुदाती है मन्त्र की तरह। मैं धीरे से सुनता हूँ और सुन नहीं पाता मन्त्र की तरह।

वहाँ लगभग अन्तहीन एक समारोह चल रहा है जहाँ मैं भटकते हुए न जाने क्यों आ गया हूँ। वह दूर कुर्सी पर बैठी दीखती है। मैं दूर कुर्सी पर बैठा दीखता हूँ। हम आमने-सामने बैठे हैं कुछ इस तरह कि हम दोनों एक-दूसरे को लगातार खोज रहे हैं। सड़क के एक तरफ़ आकर बस खड़ी हो जाती है। उसकी देह में दुबके हैं दो शिशु। वह बिना देखे एक पैर उठाकर बस की सीढ़ी पर रखती है जो अब वहाँ नहीं है, कहीं और है। मैं सो रहा हूँ। वह चुपचाप बिस्तर से उठती है और जगत को, जहाँ उसके प्रियजन उसकी तलाश में भटक रहे हैं, अपने सोते बच्चों-सा छोड़ एक झीने दरवाज़े से दबे पाँव चली जाती है।

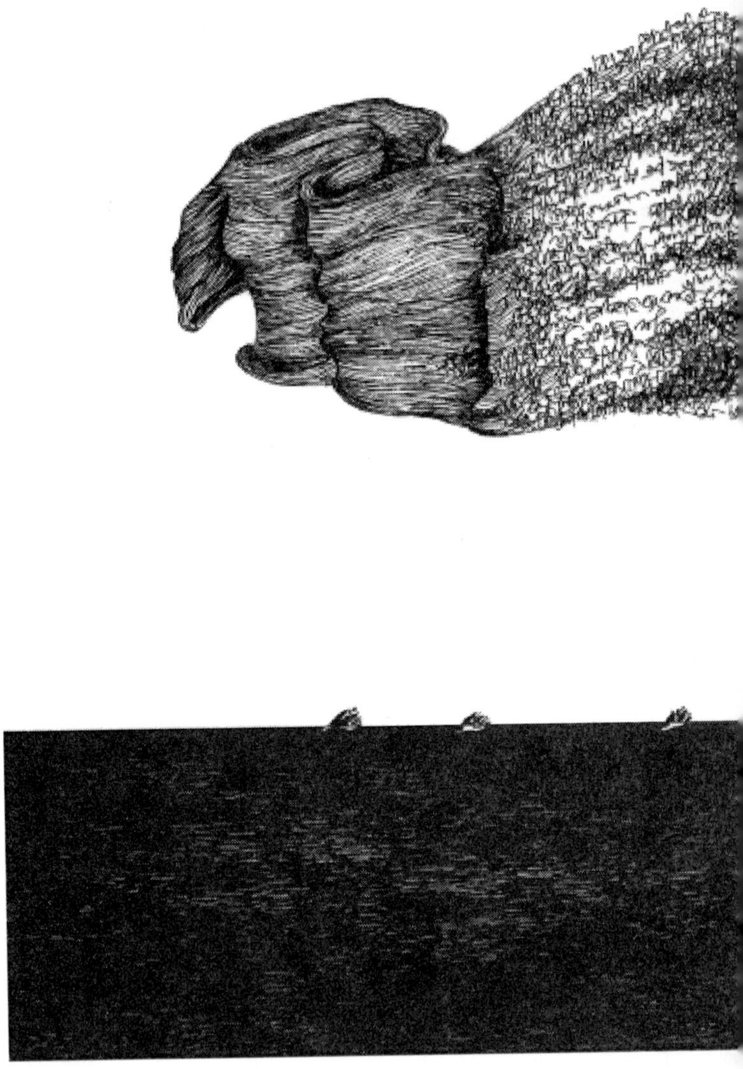

हमारे विहार–व्योम, अन्तरिक्ष में वह सुराख़ करती है। मैं उसकी आकृति को उसका स्पर्श वापस लौटाता हूँ कि वह उसे निरन्तर मुझे दे सके। आकाश में हम रहते थे, आकाश में हम रहते हैं, वह मुझसे कहती है, मैं उससे कहता हूँ। सरोवर में लहरों–सा तैरता है हमारा प्रेम, वह रहा! वह मुझसे कहती है। वे रहीं!! मैं उसे दिखाता हूँ।

तीजा की रात बीत चुकी है। शिव पार्वती की देह पर धीरे–धीरे चलते हैं।

वह अदृश्य की देहरी पर खड़ी मेरी प्रतीक्षा करती है। एक कुर्सी पर पीली धूप गिर रही है जिसके ऊपर रात का अधखाया चन्द्रमा लटका है। 'तुम्हारी देह की खोज में निरन्तर भटकती है कस्तूरी की गन्ध', मैं घर की चौखट पर बैठा फुसफुसाता हूँ। वह ज़रा-सा हिलती है। अँधेरी रात में सोती हुई एक स्त्री अपने वस्त्र उतारने लगती है। मैं अधखुली खिड़की से बाहर झाँकता हूँ। वह अपने एकान्त को अपने बच्चों के चेहरे पर डूबता उतराता छोड़ अन्तरिक्ष में नक्षत्रों की तरह बिखर जाती है।

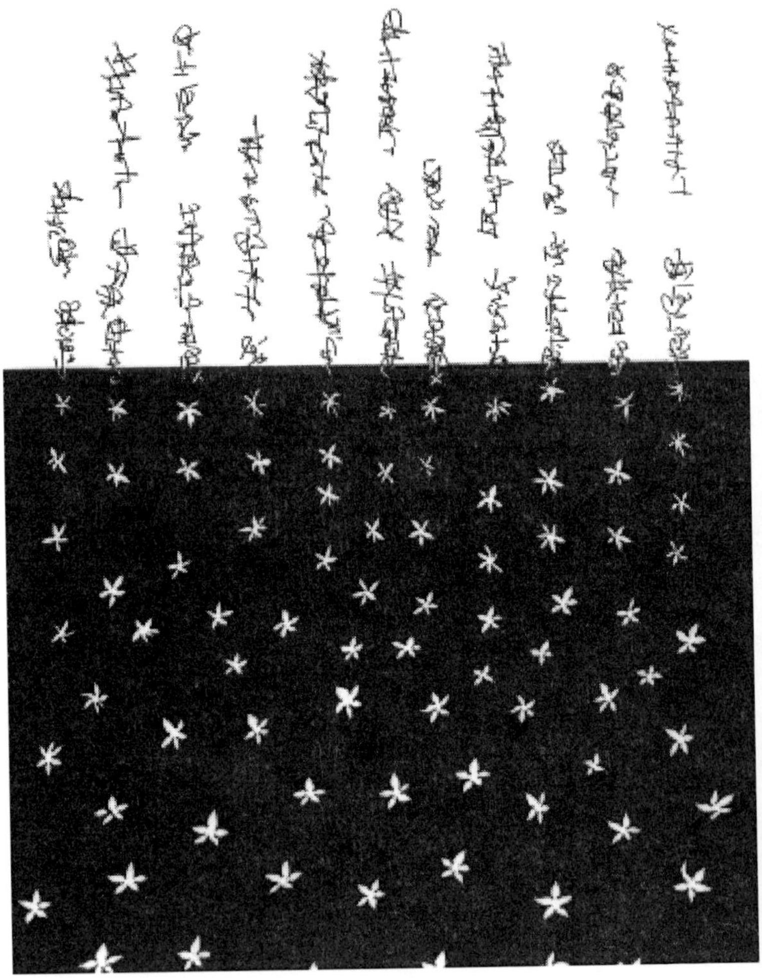

मेज़ पर शॉल रखा है। खुले दरवाज़े से चौकोर धूप लगातार फर्श पर बिछ रही है। वह कुर्सी पर बैठी है। उसका एक हाथ उसकी गोद में है दूसरा दरवाज़े तक पहुँचकर रुक गया है। सामने एक स्कूटर मुड़ता है। हम पहली बार एक साथ सिनेमा देखने जा रहे हैं। 'तुम क्या हर जगह हमेशा देर से पहुँचते हो', 'लेकिन मैं आज वक़्त पर आ गया हूँ', 'लेकिन मैं तो घण्टे भर से बाहर ताक रही हूँ', 'मैं उम्र भर से', उसने सुनना बन्द कर दिया है। स्कूटर पर बैठे-बैठे वह अपने सामने देखने लगती है। शॉल उसके कन्धे पर उड़ता है।

वह दृश्य में विन्यस्त वृक्षों से उनकी परछाईयों-सी रोज़ नीचे उतरती है। मैं दृश्यों में लगातार बीतता वृक्षों से वृक्षों पर अन्तहीन फिसलता हूँ।

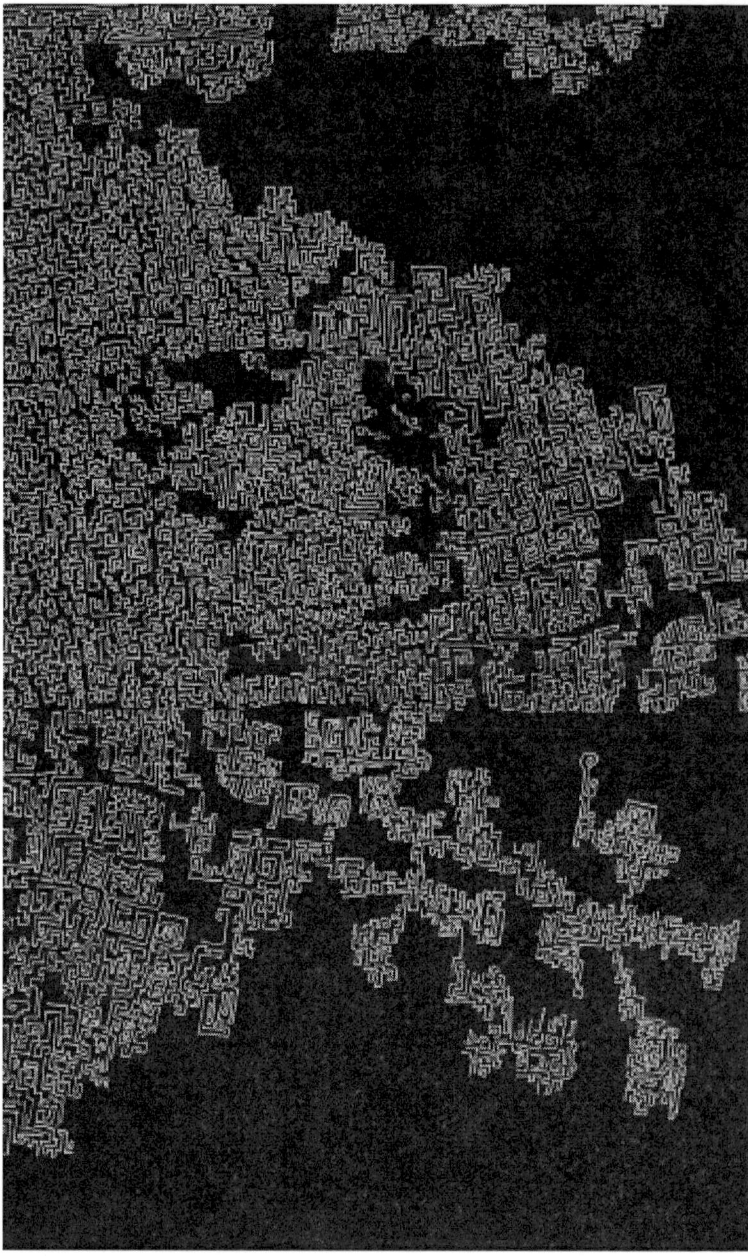

वह अपने सौन्दर्य का भार कन्धे पर उठाये आकाशगंगा पार कर रही है। मैं उसका स्पर्श सँभाले अपने होठों पर उस शब्द का इन्तज़ार करता हूँ जहाँ सुस्ताने वह दो क्षण रुकी थी। यहाँ उसने रखी थी अपनी काया, यहाँ अपनी आकांक्षाएँ। मैं जागता हूँ। वह अपने नाम पर बैठी है। मुझे जागता देख वह मुस्कराती है। मैं हड़बड़ाकर उसकी ओर देखता हूँ।

वह धीरे-धीरे उठती है और अपने नाम से समा जाती है।

वह आयी है। बिस्तर पर सूटकेस खुला है और मेरे हाथ में किताब। उसके भूरे बालों में धूल भरी है। चमकते चेहरे पर पसीना जम गया है जैसे वह रेगिस्तान पार कर वहाँ पहुँची हो जहाँ वह हमेशा से थी। वह मेरे क़रीब आयी। उसके कान के बाले पर कुछ झूल रहा है। शायद हवा। शायद पारदर्शी चाहना। 'तुम्हारा चेहरा ढेर-सी चटख धूप सोखकर गुलमुहर की तरह सुलग रहा है', मैं बोला। वह सूटकेस से एक-एक वस्त्र निकाल बिस्तर पर रखती जाती। वे बारी-बारी धुएँ में बदल जाते। 'क्या खिड़की बन्द कर दूँ', मैं बोला। गुसलखाने का नल एक महीन जाल बुन रहा है: टप टप टप टप।

वह धीरे-धीरे अपने वस्त्र त्यागती है। मैं कुर्सी से उठता हूँ। वह सुगन्ध और धुएँ में तिरोहित हो जाती है।

वह अदृश्य में निःशब्द टहल रही है। मैं अपने नीरव आवास में उसके वस्त्रों की शान्त सरसराहट सुनता हूँ। रात के सन्नाटे में धुँधले नीले पुल पर एक कार सरकती है जिससे लगातार झरता पीला आलोक पुल के फ़र्श पर चुपचाप बिछता चला जाता है। अपने अन्तिम अभिसार को निरन्तर टालती है शयन-कक्ष को जाती अवसन्न गतयौवना। आकाश से टूटा चमकीला नक्षत्र आकाश में ही लटकता है। वह चौंक कर मुड़ती है। उसके खुले केश अन्धकार के पारदर्शी फ़र्श पर मोतियों की तरह इधर-उधर बिखर जाते हैं।

मैं उसे देखता हूँ। वह मुझे देखती है। हवा बहती है।

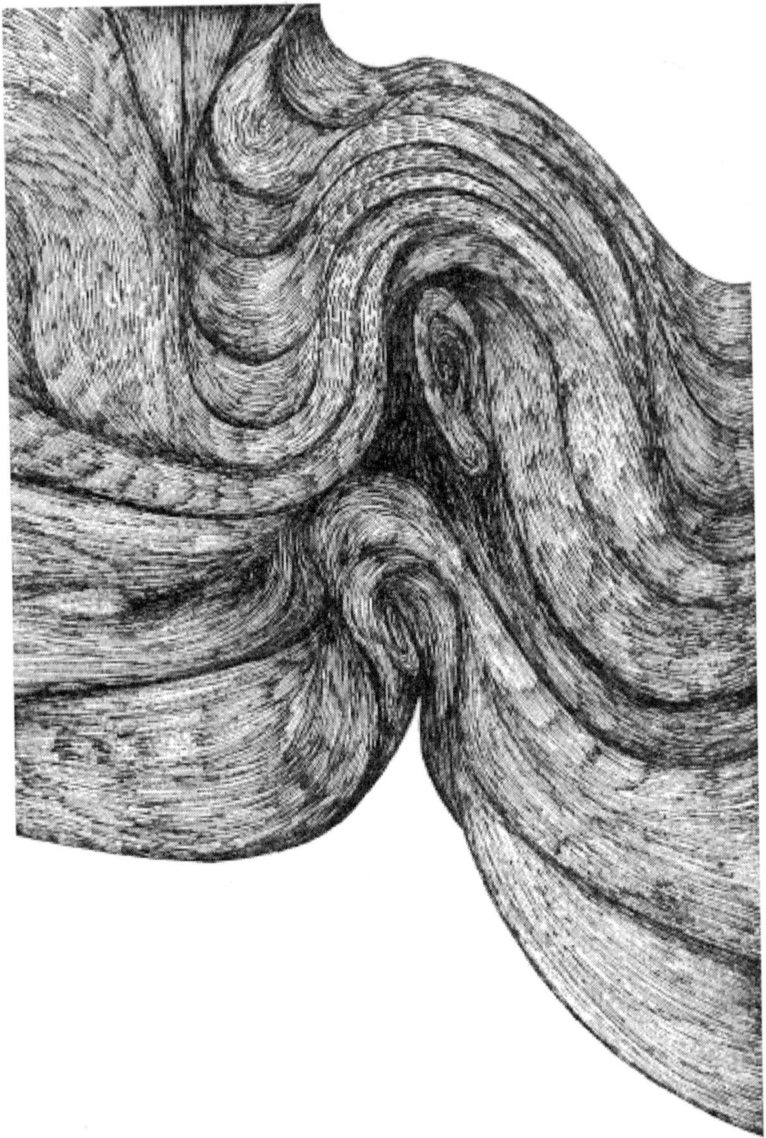

तालाब पर आकर धुन्ध ठहर गयी है। 'सर्दियों के शुरू होने पर तुम्हारी देह का कौन-सा कोना सबसे पहले सिहरता है', मैं पूछता हूँ। वह चुप है। एक वृद्ध एक पुलिया से उठकर दूसरी पर बैठ जाते हैं। उनके बालों में धूप चमकती है। 'बरसात शुरू होने पर तुम्हारी आत्मा का कौन-सा द्वीप सबसे पहले डूबता है', मैं पूछता हूँ। वह शान्त है। एक बिल्ली दोनों ओर देखने के बाद धीरे-धीरे सड़क पार करती है।

उसकी अदृश्य आकृति से भाप की तरह उठता मौन मेरे उच्चारों को धुँधला कर देता है।

अस्पताल के अहाते में शाम हो रही थी और वह अपने गुलाबी वस्त्रों में उदास। उस खिड़की पर सलाखें थीं जिनके बीच से उसे भागता हुआ मैं दिख रहा था। खिड़की से दीवार के बीचों-बीच बिस्तर पर लेटी उसे मैं लगातार मन में रखे था जैसे वह खाली झूले में देर से डोलता अकेला पक्षी हो। उसके सिर पर लगे गुलाबी टोप के नीचे उसकी आतुर आँखें भयार्द्रता में तिरती मेरी आँखों को देखती हैं। मैं उसे अपने दोनों हाथों में भर लेने की कोशिश करता हूँ कि कहीं वह बह न जाये। वह मुस्कराती है।

मैं उसके कपड़े तह कर रहा हूँ। उसकी काँपती आवाज़ धीरे-धीरे समूचे श्रव्य-संसार पर छाने लगती है : मैं कहीं नहीं जा रही!

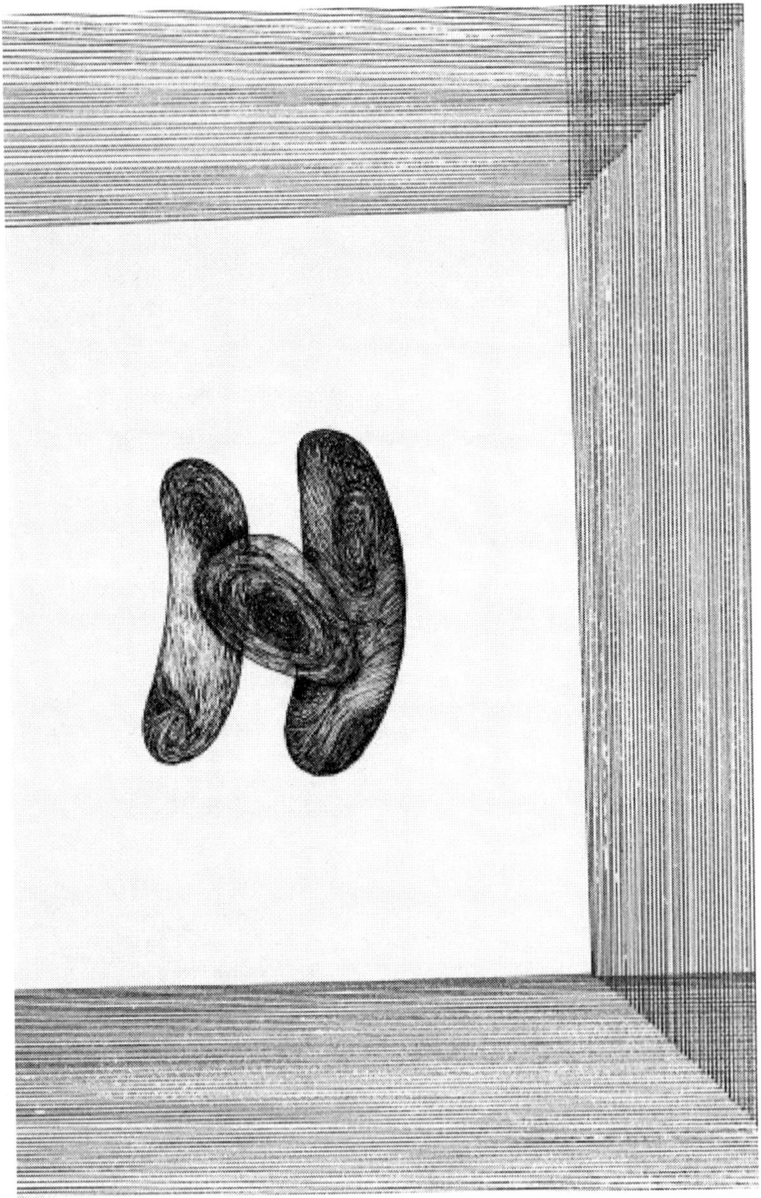

बच्चे अपने लगभग खाली बिस्तरों पर सो रहे हैं। एक अपने हाथ पर सिर रखे है दूसरा तकिये की छाँव में दुबका है। अहाते में वृक्ष रात की अँधेरी हवा में अकेला खड़ा सुरसुरा रहा था कि वह फाटक खोलकर दरवाज़े तक आ गयी। 'कौन', मैं बोला। 'मैं', वह बोली। मैंने खिड़की खोली। उसका आँचल हवा में फूल गया था, उसके माथे के बाल बिखर कर बह रहे थे, माथे की बिन्दी थोड़ी नीचे लगी थी। 'तुमने कब से आईना नहीं देखा', मैंने दरवाज़ा खोला। 'वही देखने तो आयी हूँ।' वह मुझे छूने हाथ बढ़ाती है। उसकी हथेली में एक ताबीज़ की तरह रखा है उसका स्पर्श।

वह अपनी छाया में खड़ी है। लोग आ जा रहे हैं। कोई नहीं देखता उसकी ओर। हवा में अभी–अभी उगा है पारदर्शी वसन्त और आकाश में धुँधला चन्द्रमा। 'तुम मुझे देर से लेने क्यों आये', मैंने सुना। मैं बिस्तर पर लेटा छत बनी आकृतियाँ गिन रहा हूँ। 'मैं आ रहा हूँ तुम वहीं रुकी रहना, वहीं उसी देहरी पर', मुझे नहीं मालूम उसने सुना या नहीं। रात बीतती जा रही है। चन्द्रमा से सफ़ेद धूल लगातार झर रही है। वह ढँकती चली जा रही है। मैं बेतहाशा भागता हूँ।

वह मेरे पास खड़ी है। मैं उसका हाथ अपने हाथ में लेता हूँ। वह सामने मृतक की तरह लेटे शान्त तालाब को देखती है।

वह मेरे अभाव में वास करती है। मैं उसके अभाव में उसे खोजता भटकता हूँ अन्तहीन। अपने आगे रेत की तरह फैले अन्धकार पर चलकर अन्धा सड़क पार करता है। अस्पताल के कमरे में मरते पिता की बगल में खड़ी एक नवयौवना अपनी माँ के सिर पर पल्ला डाल उसका सुहाग बचाने की कोशिश करती है। थोड़ा-सा झुककर वह मुझसे कहती है, 'तुम बैठे रहना खिड़की पर, मैं आकाश में विचरती तुम्हें वहीं देखूँगी; क्या तुम आज भी देखते हो, आकाश से बारीक़ रेशों में झरझर झरती वह सुकुमार नीलिमा।

उसके श्रृंगार-द्वार पर दो क्षण ठिठकती है मृत्यु, फिर उसकी देह में बस जाती है।

मैं उसे प्रकट होने वाक्य देता हूँ, वह मुझे तिरोहित होने अन्तराल।

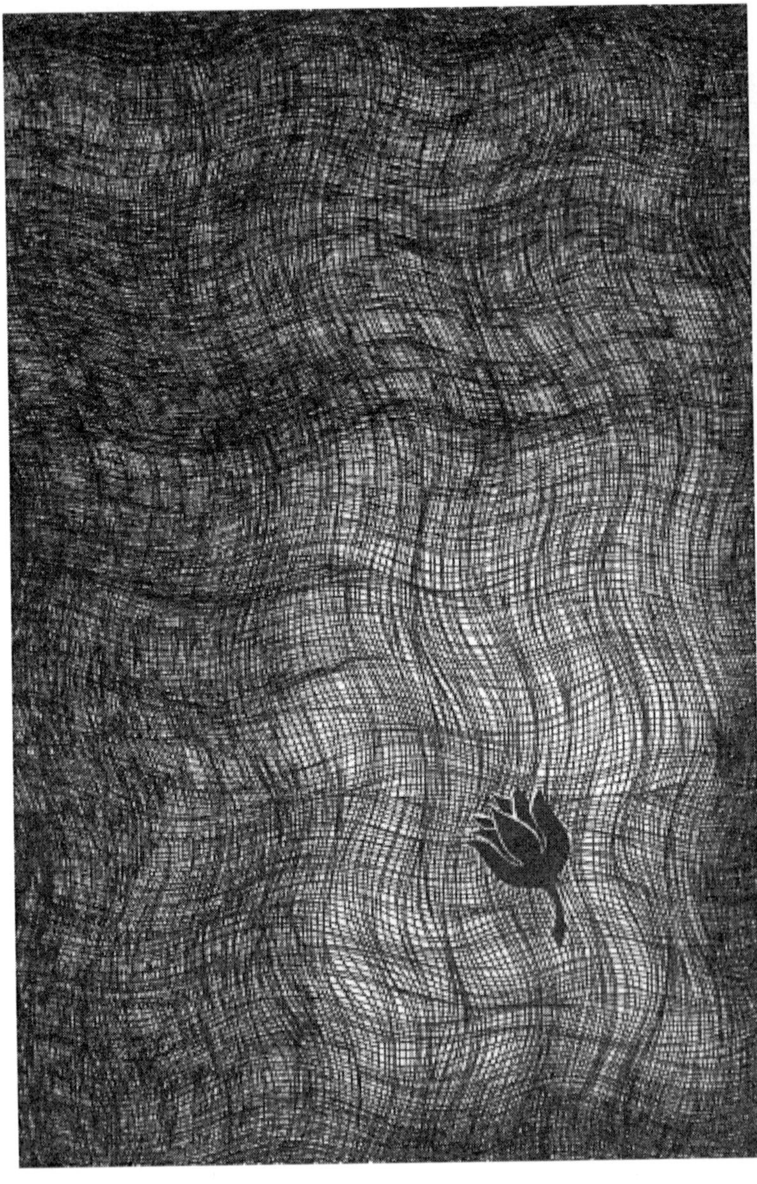

नीरव गलियों पर टिमटिमाता है चन्द्रमा। वह नक्षत्रों के बीच आकाश की तरह चल रही है। 'क्या तुम दस दिन भी मुझसे मिले बिना नहीं रह सकते।' वह अपने पिता के घर के फाटक पर खड़ी है। 'नहीं', मेरे पिता को मरे कई बरस हो गये। 'लोग देखते हैं', 'उनके आँखें हैं', वह मुड़कर घर के अन्दर जा चुकी है। सामने की सड़क से उसके पिता अपनी उसी थकान में तैरते आ रहे हैं जिसमें वे कुछ सालों बाद डूबने वाले थे।

वह अपनी मृत्यु में प्रवेश करती है जैसे पक्षी अपनी उड़ान में।

वह मुझे अपने स्वप्न की तरह बरतती है, मैं उसे अपने अन्त की तरह। मेरे बचपन की एक गली में वह खड़ी है, पीली साड़ी पहने जैसे उसका ब्याह किसी और से हो गया हो। मैं साईकल पर भागते हुए वहाँ से गुज़रता हूँ। मुझे बस पकड़कर उस शहर जाना है जहाँ उसके बेटे मेरा इन्तज़ार कर रहे हैं। उसे देख मैं रुक जाता हूँ। वह सड़क पार करती है। मैं उसकी छाती में सिर छिपा कर उसके इस संसार में न रहने पर बिलख-बिलख कर रोने लगता हूँ। वह मेरे कान में फुसफुसाती है।

'क्या तुम्हें मालूम है, तुम्हारी आवाज़ मेरे मौन का रूपक है!'

वह नक्षत्र पर बैठी हँस रही है। वह अन्तरिक्ष के शान्त कोने में सो रही है। वह धूप खाये वृक्ष की हरीतिमा में अपना रास्ता टटोल रही है। वह बर्फ़ की नदी की तरह ठहरी रात पर नंगे पाँव चल रही है। वह मृत्यु की तरह बीत रही है। वह चमकीले लम्बे बालों की तरह मेरी पीठ पर धीरे-धीरे फैल रही है। वह मेरे संकोच से झाँक रही है। वह मेरे प्रेम के सामने आँखों पर हाथ धरे खड़ी है। वह समुद्र के किनारे भुरभुरी रेत पर स्पर्श की तरह फैल रही है।

वह होने न होने के बीच साल भर की गुड़िया की तरह चलना सीख रही है।

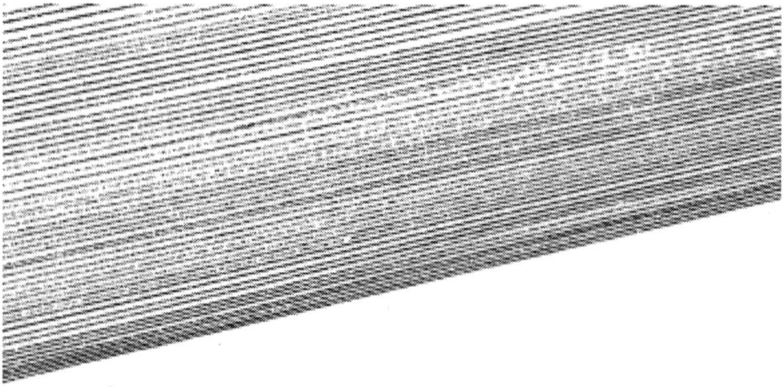

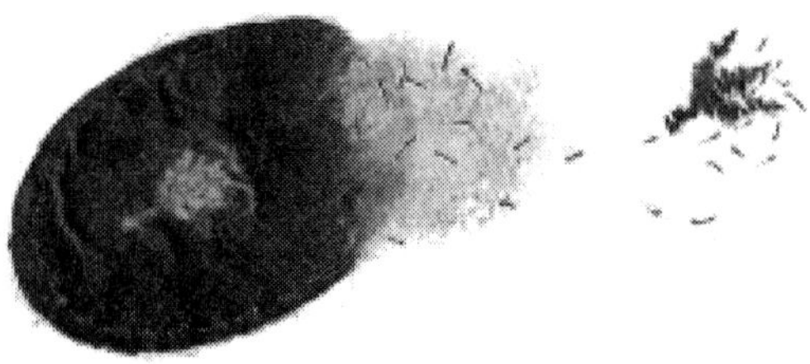

वह आकाश के किसी कोने में सहमी खड़ी है। गहराते सरोवर पर उसकी छाया फैली है। नाव की पाल में छूटी रह गयी तितली के पंख पर शाम का आखिरी कतरा अटका है। रात की चादर को चोंच में दबाये सफ़ेद पक्षी हर ओर बिखर रहे हैं। लहरें जैसे कुछ कहने-कहने को हों।

वह कहीं न दिखते हुए भी हर जगह दिखने-दिखने को है।

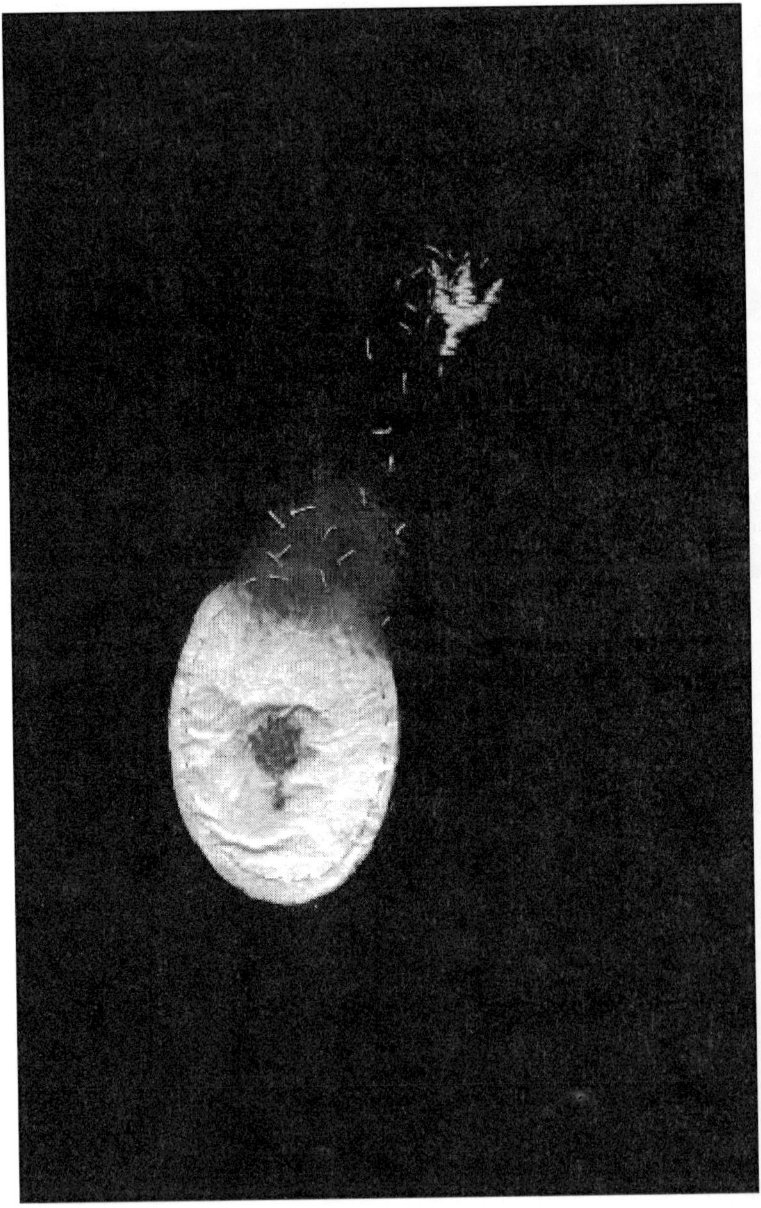

सरोवर की लहरों पर उसकी खिलखिलाहट फैली है। घास पर गिरती ओस में उसका माथा भीग रहा है। यह ठहरी-सी सरसर हवा उसका आँचल है जो सरकता-सा नहीं सरक रहा। धरती के नीचे रेंगते कीड़ों में उसका स्पर्श आन्दोलित हो रहा है। कहीं दूर नक्षत्रों के बीच उसका देखना फैल गया है जो रात घिरते ही मेरी आँखों में टिमटिमाता है।
वह जाकर भी नहीं जा रही।
वह आकर भी नहीं आ रही।

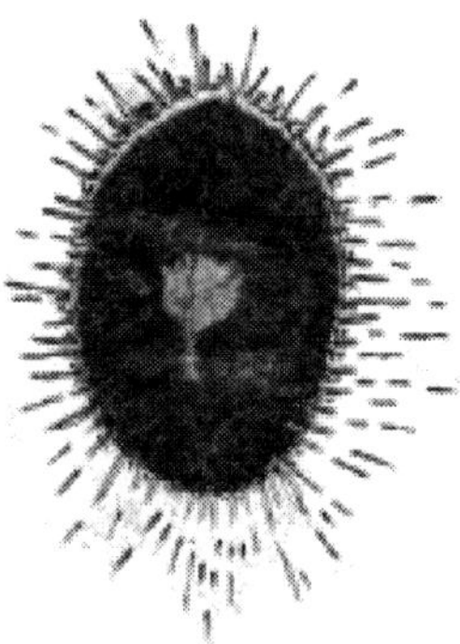

वह मुझे कहीं बहुत दूर से पुकार रही है। यह कहीं बहुत दूर हमेशा कहीं बहुत पास में सरसराता रहता है। मैं जब भी उसे छूने हाथ बढ़ाता हूँ, मेरा बढ़ा हुआ हाथ आकाशगंगा में डूबा रह जाता है। मेरे सीने पर लगभग बिखरे उसके भूरे बाल अन्तरिक्ष के किसी सुदूर कोने में चमकते हैं। मेरे बिल्कुल साथ-साथ चलते उसके पैर न जाने किस नक्षत्र पर अपने निशान छोड़ते हैं।

उसका मेरे साथ होना, मेरा उसके साथ होना इस बेछोर ब्रह्माण्ड में हमारे अकेलेपन का विवरण है।

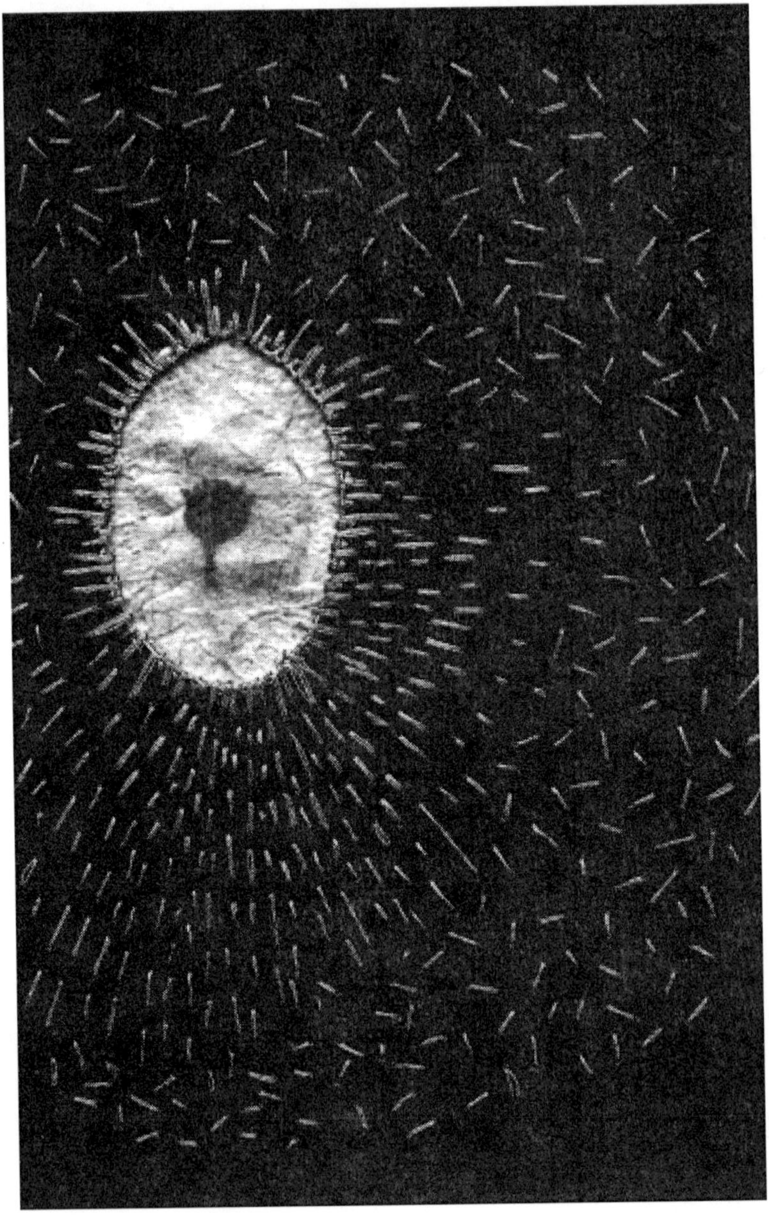

उसकी खिलखिलाहट तितलियों के पंखों पर छिटकी है। उसके बालों की चमक चाँदनी के रेशों में हरे पत्तों पर मौन फिसल रही है। उसके हाथों का महीन स्पर्श घुल गया है समुद्र के खारे पानी में जिसमें उलझने और सुलझने का खेल खेल रही हैं मछलियाँ। उसकी त्वचा की लगभग पारदर्शिता को सोख लिया है भोर के आकाश ने जिसके सुदूर छोर पर थोड़े-से नक्षत्र अभी बाकी हैं।

रात बीतते न बीतते ब्रह्माण्ड के चमकीले टुकड़ों से वह अपनी अनुपस्थिति को सँवार रही है।

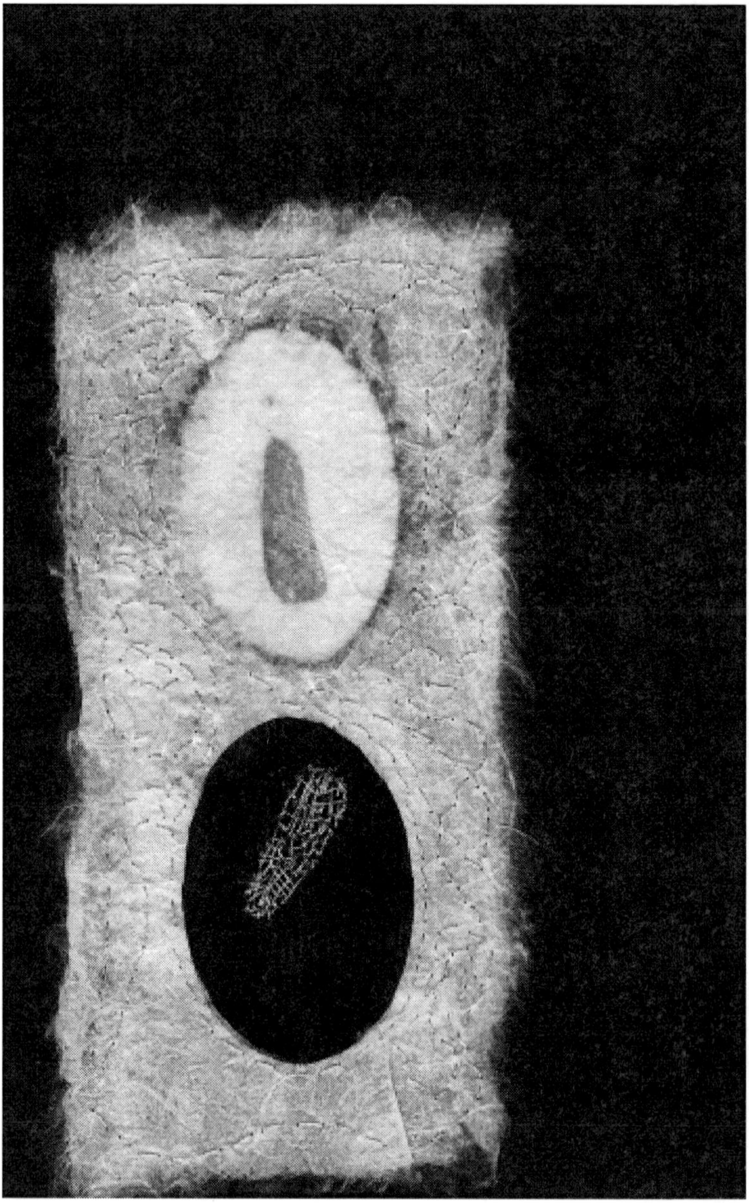

वह आकाशगंगा में बहते-बहते मेरे स्वप्न के किनारे आ लगी है। मैं अपने प्रेम में बहता उसके अभाव में फैल गया हूँ चुपचाप। वह चमचमाती बालू पर लड़खड़ाकर चल रही है। अन्तरिक्ष का सुनसान उसके पैरों की थापों से धीरे-धीरे काँप रहा है।

उसके लम्बे खुले बालों में सीपियाँ, शंख और घोंघे उलझ गये हैं।

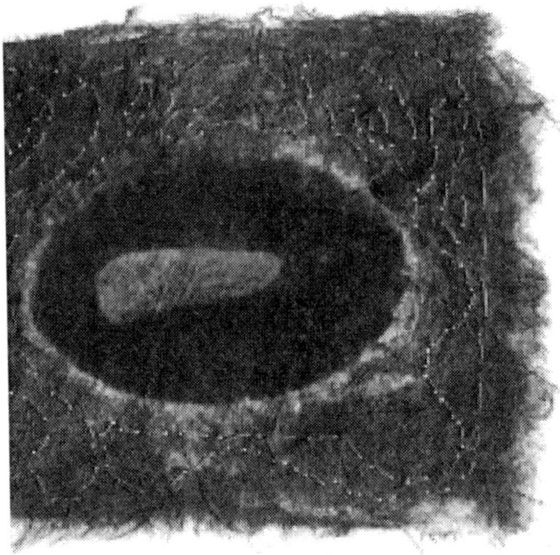

वह फिर फिर आ रही है। वह फिर फिर जा रही है। इन्हीं आने इन्हीं जाने के बीच कभी सृष्टि आकार लेती है। कभी लोप होती है।
कभी लोप होती है। कभी आकार लेती है। और मृत्यु मरने के बाद भी अक्षुण्ण बनी रहती है।

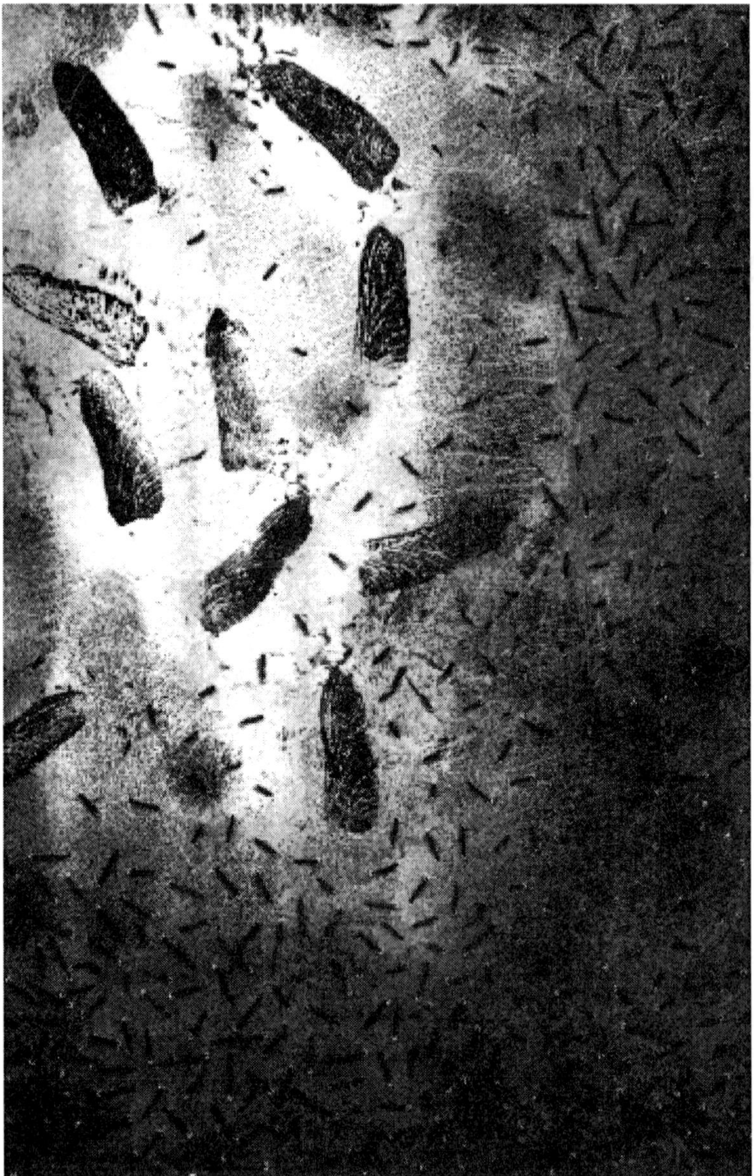

उसने लौटने का कहा ज़रूर था। यह दोष स्मृति का है कि न वह दिन पास रख सकी न वह फूल जिसकी ओस बूँद में उसे छाया-सा उतरना हैं। उसने लौटने का कहा ज़रूर था। यह खोट इस होने की है कि वह उस ओर बहा ही नहीं जहाँ नदी के घाट पर वह आकांक्षा का आँचल फहराने वाली है। उसने लौटने का कहा ज़रूर था। यह मुश्किल इस हर ओर फैले आईने की है कि हर लौटना जाना दिखायी देता है।

वह मुझे किसी अज्ञात खिड़की से देख रही है। वह मुझे चिड़ियों की चुप्पी में सुन रही है। वह हवा में खोये गान की तरह मेरे कान के पर्दों पर थपकियाँ दे रही है। गन्ध के आख़िरी कण को वह अपने स्वेद से ढाँप रही है। अन्तरिक्ष के आर-पास फैली उसके बालों की सरसराहट से घिरा हुआ मैं नदी के शान्त जल में अपना स्पर्श तिरोहित करते हुए काँप रहा हूँ।

शब्दों और अर्थों के बीच बहती उज्ज्वल जलधारा में नहाकर वह मेरी ओर चलना शुरू करती है। सुबह आगे की ओर सरकती है। अँधेरा अपने में लोप होने लगता है। अभी-अभी फूटी कोंपलें उसके पैरों के निशान लेकर घर के अहाते तक आ गयी हैं।

ओह! मुझसे यह दरवाज़ा क्यों नहीं खुल रहा ?

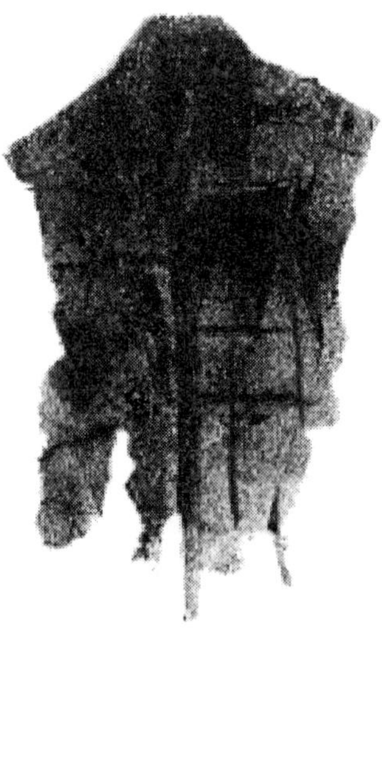

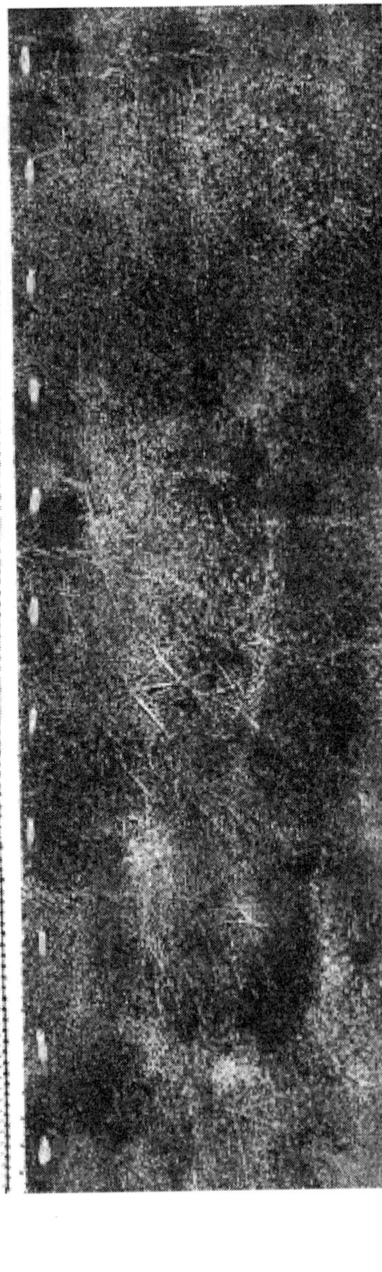

वह अपने अभाव को डरते-डरते छूने की कोशिश कर रही है। वह न होने के अन्तरिक्ष में मेरे स्पर्श को खोज रही है। वह मृत्यु की भूलभुलैयाँ में मेरी आवाज़ के टुकड़े बीन रही है। वह अपने बच्चों की करूण आँखों में निःसंग तैर रही है। वह धूप की ओट में छिपी अँधेरे का इन्तज़ार कर रही है। वह अँधेरे के पीछे चुपचाप खड़ी धूप की प्रतीक्षा कर रही है।

वह होने को इस तरह बुनने के बाद कि वह उसे विराम दे सके, न होने को इस तरह बुन रही है कि वह एक बार फिर हो सके।

यह शाम का बुझता–सा आकाश हवा में फूला उसका आँचल है जिस पर उसकी खिलखिल हँसी के नक्षत्र लुढ़क रहे हैं। यह चन्द्रमा उसका छूटा हुआ पदचिह्न है जो गहराती रात की रेशे–रेशे चाँदनी में पृथ्वी पर झर रहा है। यह चारों ओर फैला अँधियारा उसके कपड़ों की सरसराहट है जो मुझे हर ओर से घेर रही है।
यह यहाँ खड़ा हुआ मैं उसकी आह हूँ जो जाते वक़्त वह बगीचे से उठाना भूल गयी है।

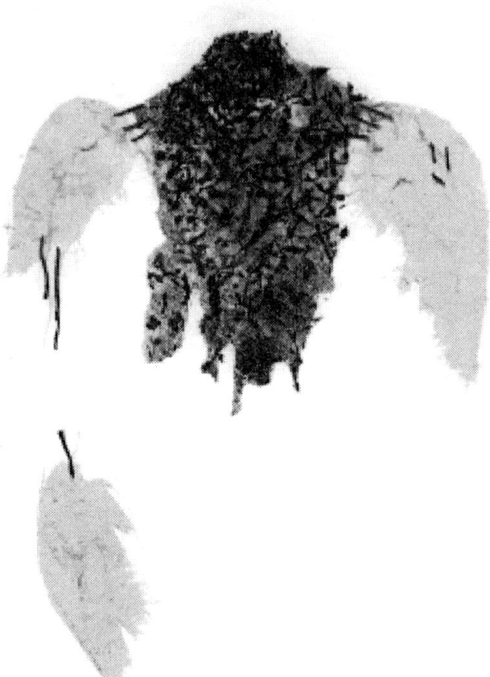

वह अन्तरिक्ष में खड़ी मुझ पर हँस रही है। जीवित रहे आने के धागों में उलझा मैं हर कदम पर गिरता हूँ। देर रात नक्षत्रों को बर्फ़ के तिनकों की तरह गेंद बनाकर वह मेरी ओर फेंकती हैं और मेरे कानों में दूर तक उसकी हँसी फैल जाती है। वह चन्द्रमा को चक्के की तरह मेरी तरफ लुढ़का देती है और मेरी आँखों में हर ओर उसकी मुस्कराहट तैर जाती है।

वह अन्तरिक्ष में खड़ी मुझ पर हँस रही है। जीवित रहे आने के धागों में उलझा मैं हर कदम पर गिरता हूँ, सँभलता हूँ और फिर गिर पड़ता हूँ।

वह मुझे बेचैन टहलता देख कर खिलखिलाकर हँस देती है। उसकी हँसी के कण उल्काओं की तरह आकाशगंगा में बिखर जाते हैं। मैं पगडण्डी पर चलते-चलते रुक जाता हूँ। वह कहती है, 'यह जानने में इतना विलम्ब क्यों, कि यह समूचा ब्रह्माण्ड तुम्हारा उपहास है कि खिलखिलाहटों के व्यूह से बाहर आने का कोई मार्ग नहीं है।

भीषण उल्कापात के बीच मैं नदी पर झुककर अंजुरि भर बहता जल पी लेता हूँ।

वह अन्तरिक्ष के कोने में अपना खोया कंगन ढूँढती है। पर्वत-शिखर पर खड़ा मैं भाप के रेशों को फूलों में प्रवेश कर ओस के कणों में बदलता देख रहा हूँ। मुझे पता है उसका कंगन उसी की कलाई पर लिपटा है। अन्तरिक्ष का वह कोना भी मुझे ज्ञात है। पर मेरे और उसके बीच घने बादल-सा मेरा होना फैला है। उसके और मेरे बीच झीनी वर्षा-सा उसका न होना बरसता है।

वह कंगन ढूँढती है।

मैं उसे खोजता हूँ।

भरी आँखों में रह-रहकर सिकुड़ता-फैलता यह ब्रह्माण्ड धुँधलाता है।

वह आकाशगंगा में डूबती चली जा रही है। वह अन्तरिक्ष के विस्तार में घुलती चली जा रही है। वह हल्के गुलाबी नक्षत्र की छाया में बैठी मेरी राह तकती रहती है। मैं अपने आप में डूबता-सा, रोज़मर्रा के विवरणों में बिखरता हल्के पीले एकान्त की छाया में बैठा-सा उसकी ओर जाने की राह तकता हूँ। वह उठती है। मैं भी। हमारे बीच फैला यह अद्‌भुत ब्रह्माण्ड अपने भीतर ही कहीं धुएँ-सा विलीन होने लगता है। मृत्यु न चाहकर भी मुस्कराती है।

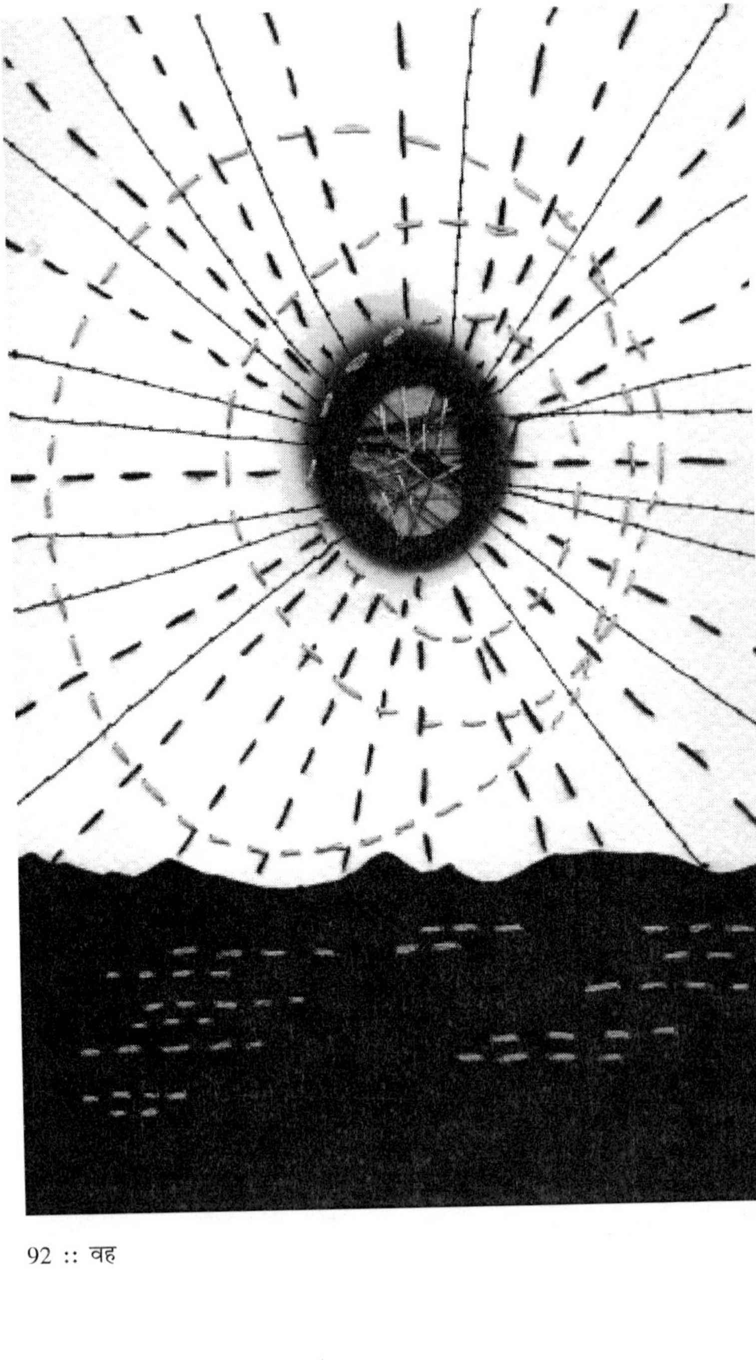

वह मुझे मेरे न होने की दूरी से ताकती है। मैं उसे उसके हो सकने की क़रीबी से। आकाशगंगा के निर्मल जल में वह घुटनों-घुटनों तक डूबी खड़ी रहती है। सुनहली मछलियाँ आ-आकर उसके पैरों की अँगुलियों को कुतरती हैं। मैं न होने की देहरी पर खड़ा दस्तक देता रहता हूँ। वह हो सकने की राह पर चलते-चलते थककर बैठ जाती है। उसके चारों ओर न कोई फरिश्ता होता है, न अप्सरा। मेरी सिसकियों के धागों से वह अपना एकान्त बुनती है जिसमें टूटते नक्षत्र इकट्ठा होते जाते हैं।

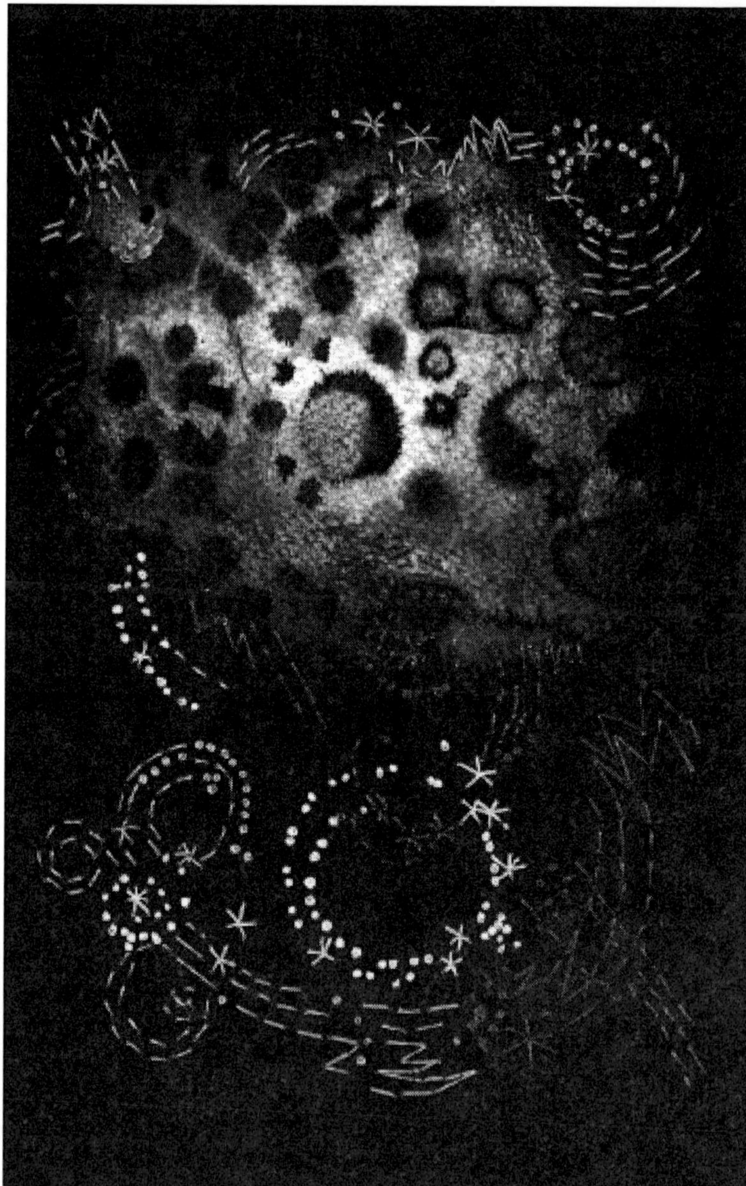

कभी वह पास में फुसफुसाती है। कभी दूर से पुकारती है। कभी उसकी आवाज़ तने हुए धागे की तरह मेरे पास आती है। कभी ढीली डोर की तरह। अँधेरी रात की सरसराहट के बीच कभी मैं धागे में लिपटता हूँ। कभी डोर से बँधता हूँ। आकाशगंगा की शान्त धारा में वह सुनहली मछलियों के बीच तैर रही है। मेरे आँसुओं में कभी धागे बहते हैं। कभी डोर तिरती है।

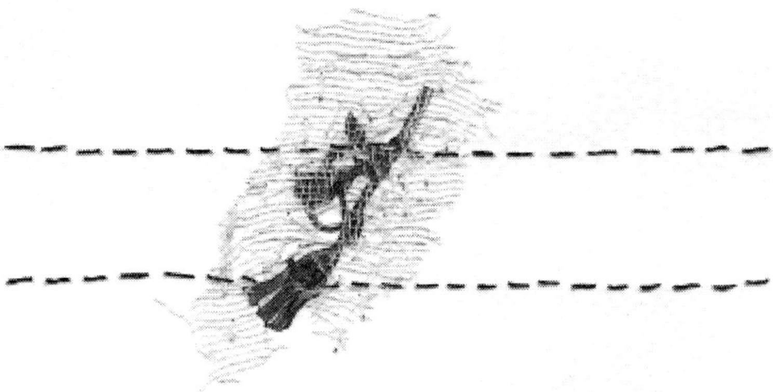

वह कहीं नहीं के फ़र्श पर नक्षत्र जमा रही है। मैं यहीं कहीं की गलियों से बाहर निकलने की राह खोजता हूँ। नक्षत्रों पर उसकी अंगुलियों के छूटे निशानों से मेरी नियति का नक़्शा तैयार होता है जिसमें उलझकर न जाने कितने निर्दोष गिरते चले जाते हैं। मैं जितना भी रोकूँ, काल की यह फिसलन मुझसे रुकने वाली नहीं। वह कितना भी चाहे उसके न होने का स्पन्दन शान्त होने वाला नहीं। मेरे और उसके बीच ऋतुओं के आर-पार फैला यह अन्तराल रह-रहकर सिहरता है।

अन्तराल यह सिहरता है रह-रहकर। ऋतु के आर-पार....

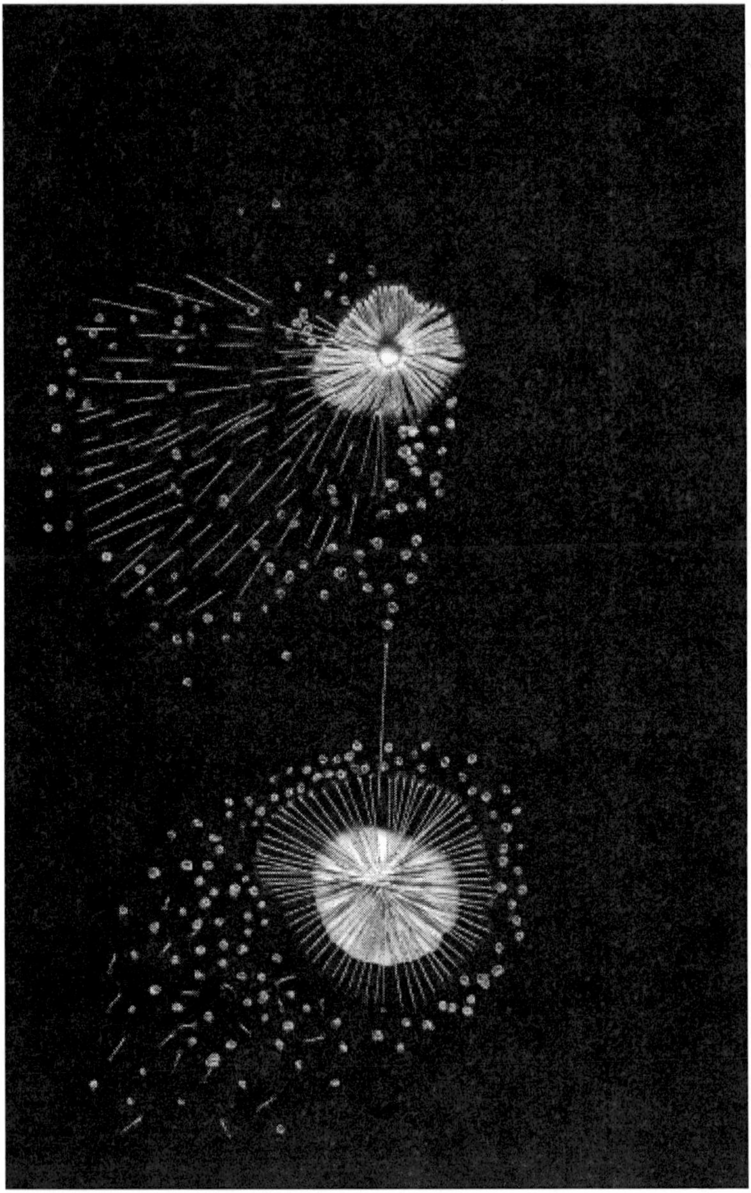

ओफ्! कैसे हटाऊँ अपने और उसके बीच फैले इस संसार को कि उसकी खिलखिलाहट सुनायी पड़े क्षण-दो-क्षण। हर वृक्ष के नीचे उसकी छाया ठिठकी हैं, हर पर्वत पर वह बयार की गन्ध-सी बहती है। पृथ्वी को ढाँप रखा है हरीतिमा ने या उसके अभाव ने। जो नहीं हैं विचरते हैं यहाँ से वहाँ, वहाँ से यहाँ। जो हैं वे न जाने क्यों दुबके पड़े हैं खुद में।

न वह जानती है न मैं, हम में से किसे लौटना है : उसे पृथ्वी पर या मुझे अन्तरिक्ष के विस्तार में।

वह निश्चय ही मुझे कहीं से देख रही है। अस्पताल की बड़ी-सी काँच की बन्द खिड़की से लगातार हवाई जहाज़ उतरते हुए दिखायी देते हैं। नीचे बबूल का वन पसरा है जिसमें अनेक तरह के पक्षी उड़ते फिरते हैं। उसके चेहरे पर मुस्कान है। वह मुझे सब सहकर भी टूटते नहीं देखती। आकाश की सिलवटों में उसका आवास है जहाँ बबूल वन के पक्षी सन्देश ले लेकर जा रहे हैं। वह बार-बार नीचे झाँकती है और सोचती है, क्यों न नीचे जाकर उससे मिल लूँ।

मेरे और उसके बीच मेरा बच जाना सिहर रहा है जिसे पार करना वह नहीं चाहती।

श्रेष्ठ भारतीय साहित्य

भारतीय ज्ञानपीठ